# Rätsel und Gehirnjogging für unterwegs

## 120 Aufgaben und Knobeleien von leicht bis schwer

*Versuchen Sie die Lösungen ausschließlich im Kopf und ohne Notizen zu finden. Die Rätsel sind so aufgebaut, dass dies mit etwas Übung und Konzentration möglich ist.*

*Carsten Richter*

# Rätsel und Gehirnjogging für unterwegs

## 120 Aufgaben und Knobeleien von leicht bis schwer

Carsten Richter

Die Deutsche Nationalbibliothek verzeichnet diese Publikation in der Deutschen Nationalbibliografie; detaillierte bibliografische Daten sind im Internet über http://dnb.dnb.de abrufbar.



Illustration: Carsten Richter

Herstellung und Verlag: BoD – Books on Demand, Norderstedt
ISBN: 9-783-746-097-374

# Inhaltsverzeichnis:

## 1. Logical im kopf

Drei Autos in den Farben schwarz, blau und rot stehen vor Ihnen nebeneinander. Eines gehört dem 50-jähren Schlosser. Ein Lehrer und ein Elektriker, der Elektriker besitzt das schwarze Auto und ist am jüngsten, sind die anderen Fahrer. Zusammen sind die Fahrer des linken und des mittleren Autos neunzig Jahre alt. Das rote Auto steht in der Mitte.

Welche Farbe hat das Auto des 46-Jährigen?

## 2. der Fluss

Wie bringt ein Fährmann eine Ziege, einen Wolf und einen Kohlkopf über einen Fluss, wenn er nur eines der drei auf die Fähre laden darf? Dabei muss er darauf achten, dass die Ziege nicht den Kohlkopf und der Wolf nicht die Ziege frisst!

## 3. die Beine

In einem Raum sind vier Kinder. Jedes Kind hat zwei Hunde. Auf zwei Hunde kommt noch ein Erwachsener als Aufpasser.

Wie viele Beine sind im Raum?

## 4. die Türen

Jeder Raum eines Hauses hat eine gerade Anzahl von Türen.

Warum kann dieses Haus nicht nur eine Ausgangstür haben?

## 5. der Code

0 = 11

Zeichnen Sie drei gerade Linien derart, dass diese Gleichung stimmt. Das rechtsseitige Ergebnis bleibt vollkommen unberührt.

## 6. im Kino

Nach dem Klassentreffen geht noch ein Teil ins Kino. Martha sitzt neben Ulli. Mark sitzt vier Plätze von Susi entfernt. Auch Ulf und Steffi sind vier Plätze auseinander. Zwischen Miriam und Mark liegen drei Plätze. Miriam sitzt neben ihrer Freundin Maika. Thomas sitzt nicht neben Susi.

Welche beiden Personen sitzen ganz außen?

## 7. der Bus

Sie sitzen in einem Bus und sehen vierzehn Fahrgäste. An der nächsten Haltestelle steigen drei Gäste aus und fünf neue Fahrgäste kommen hinzu.

Wie viele Personen befinden sich jetzt im Bus?

## 8. das Rennen

Tom, Friedrich, Markus und Bernd veranstalten einen Wettlauf. Friedrich ist das erste Mal etwas schneller als Markus. Auch Tom ist schneller als Markus aber schafft es nicht Bernd zu schlagen, was Friedrich gelungen ist.

In welcher Reihenfolge kommen die Läufer ins Ziel?

## 9. klug fragen

Drei Personen sitzen vor ihnen an einem runden Tisch. Eine Person sagt immer die Wahrheit, eine Person lügt immer und eine Person entscheidet zufällig ob sie lügt oder nicht. Sie stellen sich daneben hin und dürfen drei Fragen stellen.
Finden Sie die Identität jeder Person mit nur drei Fragen heraus.

## 10. das sture Kind

Sie passen auf den verzogenen Sohn Ihres Chefs auf. Der Junge mag zwar Zahlenspiele, was erst einmal gut ist, allerdings ist er mathematisch sehr unbegabt. Das wäre nicht so schlimm wenn er wenigsten nicht so stur wäre. Aber er will immer recht haben. „Die 5 ist kleiner als die Zahlen 14 und 9." sagt er. „Das stimmt! Aber sie ist größer als 1." entgegnen Sie. Doch da widerspricht er direkt. Er legt sogar noch einen drauf. „Die 1 ist auch größer als die Zahlen 9 und 14!" „Wie soll eine einstellige Zahl größer als eine zweistellige Zahl sein?" antworten Sie genervt. Das interessiert ihn jedoch nicht. Er antwortet nur: „Das geht! Bei der 9 ist es auch so!"
Sie haben keine Lust auf Streit und Diskussionen.

Können Sie die Zahlen in der für den Jungen richtigen Reihenfolge nennen?

## 11. Pilze

Sie haben 100g Pilze mit einem Wassergehalt von 95%. Sie trocknen die Pilze und reduzieren so den Wassergehalt auf 80%.

Wie viel wiegen die Pilze dann?

## 12. der Wein

Vor Ihnen stehen zwei Gläser, jeweils zu einem halben Liter gefüllt. In dem einen Glas befindet sich nur Wein und in dem anderen Glas ausschließlich Wasser. Sie schütten 30% des Weinglases in das Wasserglas. Danach kippen Sie die Mischung wieder zurück, sodass in beiden Gläsern die gleiche Menge an Flüssigkeit vorhanden ist. Es befinden sich nun 20% des Weines im Wasserglas.
Keines der Gläser läuft beim Umschütten über, da das Fassungsvermögen deutlich über einem halben Liter liegt.

Wie viel ml Wein sind noch im Weinglas vorhanden?

## 13. beim Essen

Vier Leute sitzen an einem quadratischen Tisch. Martha sitzt gegenüber von Joachim. Lisa und Tom sind frisch verliebt und sitzen nebeneinander. Lisa sitzt auch neben ihrer Freundin.

Wie viele Nachbarn hat Martha?

## 14. Aussagenlogik

Wenn die Negation von Hans Aussage nicht stimmt und Torsten das Gegenteil von Hans behauptet, hat Torsten dann recht?

## 15. noch einmal Aussagenlogik

Wenn A und B stimmen dann stimmen auch beide. Stimmen beide nicht dann stimmen sie nicht. Stimmt nur eine nicht dann stimmen beide zusammen auch nicht. Angenommen das Gegenteil von A stimmt und B stimmt. Stimmt dann die Negation von B, wenn man A negiert?

## 16. die Familie

Ein Vater ist so alt wie seine drei Söhne zusammen. Vor zehn Jahren war er dreimal so alt wie sein ältester und fünfmal so alt wie sein zweiter Sohn. Der jüngste Sohn ist 14 Jahre jünger als sein ältester Bruder.

Wie alt ist jeder der drei Söhne?

## 17. die Lügen

Vier Personen treffen sich. Jede von ihnen macht eine Aussage. Jede Person sagt entweder die Wahrheit oder aber sie lügt.

Wer sagt die Wahrheit und wer lügt?

| | |
|---|---|
| Tom: | Einer von uns lügt. |
| Martina: | Zwei von uns lügen. |
| Tim: | Drei von uns lügen. |
| Susi: | Vier von uns lügen. |

## 18. die Farben

Drei Freunde treffen sich. Einer fährt ein rotes Auto. Ein weiterer fährt ein blaues Auto und der dritte fährt das grüne Auto. Da sagt einer der Freunde: „Lustig! Wir haben auch jeder einen roten, einen blauen und einen grünen Hut auf." Darauf erwidert der mit dem grünen Hut: „Ja! Aber keiner trägt einen Hut in der Farbe seines Autos." Darauf sagt der Fahrer des blauen Autos: „Das stimmt!"

Welchen Hut trägt der Fahrer des roten Autos?

## 19. Geometrie

Wie oft kann ein Dreieck einen Kreis schneiden?

a.) 1x, 2x, 4x
b.) 2x, 4x, 6x
c.) 2x, 3x, 5x, 6x
d.) 3x, 5x, 6x
3.) 1x, 3x, 5x

## 20. besondere Zahlen

Was ist eine Primzahl und wie lautet die kleinste Primzahl?

## 21. das Viereck

Zwei gegenüberliegende Winkel eines Vierecks haben die gleiche Größe. Verbindet man diese Winkel mit einer Geraden zeichnet man gleichzeitig eine Hypotenuse. Der kleinste Winkel beträgt 30°.

Welchen Wert haben die beiden gleich großen Winkel?

## 22. eine kleine Schulkasse

Eine Schulklasse besteht aus zehn Kindern, sechs Mädchen und vier Jungen. Genau die Hälfte der Schüler ist überdurchschnittlich klug. Wie viele Mädchen sind mindestens nicht überdurchschnittlich klug?

## 23. Zieh den wirklich richtigen Schluss!

Keiner fährt Auto wenn es ihm nicht gut geht. Tom geht es gut und Anna geht es nicht gut.

1. Tom fährt.
2. Tom fährt und Anna fährt nicht.
3. Anna fährt nicht.
4. Anna fährt und Tom nicht.

## 24. die Schlange

Im Supermarkt stehen mit Ihnen vier Leute an der Kasse. Für seine Frau kauft Tom einen CD-Player. Der Duft der Frau vor ihm erinnert Ihn an das Parfum seiner Frau. Sie kaufen für den Eigenbedarf eine Damenjacke, zwei Bücher und einen Taschenrechner. An erster Stelle steht Steffen. Er kauft drei Artikel für sich und seine Familie. Die beiden Männer kennen sich aus der Schule. Aber leider übersehen sie sich da ein paar Leute zwischen ihnen stehen.

An welcher Stelle der Schlange stehen Sie, wenn die Frau vor Ihnen unerträglich stark nach Parfum riecht?

## 25. Logisch! Oder?

Nehmen Sie einmal theoretisch an, dass alles Eckige nicht leuchtet und was nicht leuchtet auch nicht zum spielen gedacht ist. Nehmen Sie weiterhin an, dass alle Bälle eckig sind.

a) Ist ein Ball ein sinnvolles Spielzeug?
b) Nehmen Sie nun noch an, dass alle Autos leuchten. Sind Autos ein sinnvolles Spielzeug?

## 26. Zutritt ergaunern

Sie wollen zur Feier einer geschlossenen Gesellschaft. Am Einlass gibt es einen Code. Der Türsteher nennt den Gästen eine Zahl und die Gäste geben die richtige Antwort.

Sie beobachten genau:

Der erste Gast kommt.
„Sechzehn!" sagt der Türsteher.
„Acht!" sagt der Gast und darf eintreten.

Der nächste Besucher kommt.
„Acht!" sagt der Türsteher.
„Vier!" entgegnet der Gast und hat Zutritt.

Sie sind sich schon recht sicher aber warten noch den nächsten Gast ab.
„Achtundzwanzig!" sagt der Türsteher.
„Vierzehn!" sagt der Gast und alles ist in Ordnung.

Nun scheint alles klar. Sie gehen zum Eingang.
„Zehn!" sagt der Türsteher.
„Fünf!" antworten Sie und dürfen direkt abtreten. Falsch!

Was hätten Sie antworten müssen?

## 27. der Ausgang

Sie sind ein freiheitsliebender Gefangener und stehen vor zwei Türen. Eine Tür führt in die Freiheit und die andere führt zurück ins Gefängnis. Vor jeder Tür steht ein Wärter. Einer der Wärter lügt immer und der andere sagt immer die Wahrheit. Die Zeit ist knapp und Sie können nur eine Frage stellen.
Bedenken Sie! Sie wissen nicht wer lügt.
Sie wollen natürlich in die Freiheit.

Welche Frage stellen Sie einem der Wärter?

## 28. Licht und...

Sie befinden sich in einem Raum mit drei Lichtschaltern. In einem anderen Raum befinden sich drei Glühbirnen. Jeder Schalter ist einer anderen Glühbirne zugeordnet. Also ist jede Glühbirne mit einem Lichtschalter verbunden und jeder Schalter mit nur einer Glühbirne.
Sie sind in dem Raum der Lichtschalter und dürfen die Schalter bedienen wie sie möchten. Sie dürfen allerdings nur einmal Ihren Raum verlassen und in den Raum mit den Glühbirnen gehen. Die Räume sind vollkommen getrennt, sodass Sie von den Glühbirnen weder etwas hören noch etwas sehen können.
Wenn Sie den Schalterraum verlassen haben und in den Raum der Glühbirnen gehen, können Sie auch nicht mehr zurück.

Wie schaffen Sie es jedem Schalter seine Glühbirne zuzuordnen?

## 29. das Ziegenproblem

Sie sind Gast in einer Show. Ihnen stehen drei Türen zur Auswahl. Hinter zwei Türen befindet sich eine Niete, in dem Fall eine Ziege. Hinter einer Tür befindet der Hauptgewinn. Sie setzen auf Tür drei. Der Showmaster kennt das Ergebnis und treibt ein Psychospiel mit Ihnen. Er öffnet Tür zwei und dahinter befindet sich eine Ziege. Nun bietet er Ihnen die Möglichkeit Ihre Wahl noch einmal zu überdenken. Sie können bei Ihrer Wahl bleiben oder auf Tür eins wechseln.

Was ist besser? Wechseln oder bei Ihrer Wahl bleiben. Aus mathematischer Sicht gibt es hierauf eine eindeutige Antwort.

## 30. die Buchstaben

Ein Buchstabe passt nicht in diese Reihe.

PUCQLUGJ

Welcher ist es?

## 31. Was ist das?

Meistens ist es mit vier anderen unterwegs und verbringt diese Zeit in der Regel im Dunkeln. Wenn einem der vier Begleiter etwas zustößt dann tritt es in Erscheinung.

Was ist das?

## 32. Und was ist das?

Es hat keine Farbe, trotzdem können Sie es sehen. Es hat auch kein Gewicht und jeder Gegenstand wird damit leichter.

Was ist das?

## 33. ab IQ 120

Lösen Sie die letzte Aufgabe:

6+4=210
9+2=711
8+5=313
5+2=37

7+6=_____

## 34. der Code

Welche Tier ist gesucht?

4, 5, 7, 12

__ : __ x __ + __ = 22

DMBKGHJGMDEAVNBFLOYDFUQZETFEVMFHH

## 35. der Code II

Welche Jahreszahl ist gesucht?

THMSYCNCOPÜQXREAIUT

## 36. Wie geht das?

Stellen Sie sich vor: Sie fahren mit dem Auto und halten eine konstante Geschwindigkeit. Rechts neben Ihnen fährt ein riesiges Feuerwehrauto. Vor Ihnen galoppiert ein Schwein und hinter Ihnen verfolgt Sie ein Hubschrauber auf Bodenhöhe. Das Schwein und der Hubschrauber halten exakt Ihre Geschwindigkeit.

Was unternehmen Sie um der Situation gefahrlos zu entkommen?

## 37. die Hand

Ein Freund zeigt Ihnen seine Hände. Wir betrachten die Daumen für die Aufgabe als Finger. Sie sehen 10 Finger.

Wie viele Finger sehen Sie bei zehn Händen?

## 38. mal überlegen

Was fällt durch die Fensterscheibe ohne sie zu zerbrechen?

## 39. mal richtig nachdenken

1
11
21
1211
111221

____________

Wie geht es in der nächsten Zeile weiter?

## 40. das Rennen

Sie sind Teilnehmer eines Wettlaufes. So langsam kämpfen Sie sich auf die ersten Plätze vor. Schließlich überholen Sie sogar den Zweiten.

Auf welcher Position befinden Sie sich nun?

## 41. Was ist das?

Es pfeift ohne Pfeife.
Ohne Wolken weht es.
Es fliegt ohne Flügel.

## 42. Wer war es?

Vier Kerle treffen sich und spielen Ball. Einer der vier schießt den Ball in eine Fensterscheibe. Der Besitzer des Hauses mit der zerbrochenen Scheibe kommt zu der Gruppe und stellt sie zur Rede. Er will wissen wer das gewesen ist. Genau einer der Jungs sagt die Wahrheit.

Max: „Frank hat den Ball geschossen."
Tim: „Ich war es nicht!"
Frank: „Rainer war es."
Rainer: „Frank lügt."

## 43. der runde Tisch

Um einen runden Tisch sitzen Leute im geschlossen Kreis. Jede der Personen hat also einen linken und einen rechten Nachbarn. Ein Teil der Personen lügt immer und ein Teil sagt immer die Wahrheit. Sie sitzen nun derart, dass ein Lügner immer neben einer Person sitzt die die Wahrheit sagt. Lügner und ehrliche Leute wechseln sich also ab.
Elenor sagt: „An diesem Tisch sitzen dreizehn Personen."
Daraufhin steht Michael auf und sagt: „Du lügst! An diesem Tisch sitzen elf Personen."

Einer der beiden hat recht. Wer ist es?

## 44. der See

Ein Bootsfahrer fährt mit einem kleinen Ruderboot auf einem See. Mit im Boot hat er eine schwere Kugel liegen. Der Fahrer hat Angst weil die Kugel wirklich sehr schwer ist. Um kein Risiko einzugehen nimmt er die Kugel und wirft sie ins Wasser.

Was passiert durch das Versenken der Kugel?
1. Der Wasserspiegel steigt.
2. Der Wasserspiegel sinkt.

## 45. Was kann das sein?

Wer es macht, der sagt es nicht.
Wer es nimmt, der kennt es nicht.
Wer es kennt, der will es nicht.

## 46. das Altern

Vorgestern war ich 15. Nächstes Jahr werde ich 18 Jahre.

Wie geht das?

## 47. der kalender

Wie viele Monate haben dreißig Tage?

## 48. Parkplatznummer

Welche Nummer hat der Parkplatz des Autos?

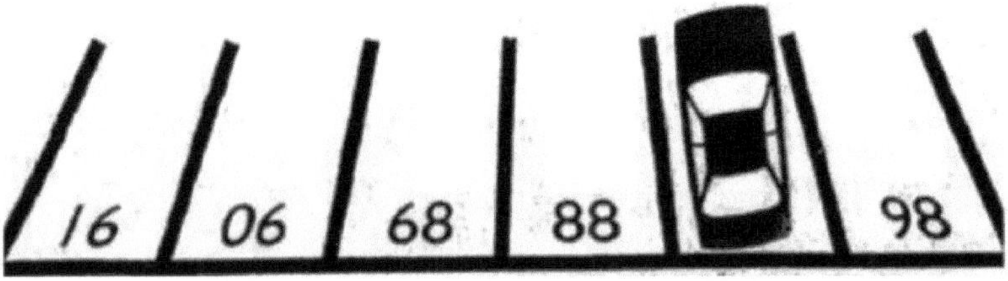


## 49. der Schummler

Zwei Freunde spielen ein Würfelspiel. Tim wirft zwei Würfel auf einen Glastisch und muss die Zahlen beider Würfel benennen. Eigentlich wollte er heimlich gucken, das hat aber nur bei einem Würfel geklappt. Dort hat er die Zahl vier gesehen. Jetzt sind beide Würfel allerdings vollständig bedeckt.
Sein siebenjähriger Sohn ist ebenfalls anwesend und krabbelt unter dem Tisch rum. Er sieht die Würfel und die Zahlen. Heimlich fragt Tim seinen Sohn ob er ihm helfen kann. Der kleine schlaue Junge addiert immer alle Zahlen die er sieht und antwortet: „Zusammen ergeben die Würfel neun." Das reicht Tim und er kann die Lösung sagen.

Wie lautet die Lösung und warum kennt Tim sie?

## 50. Welche Kugeln sind das?

Es sind neun Kugeln in einer Reihe. Eigentlich wären es zehn. Aber die kleinste Kugel ist unberücksichtigt. Die größte Kugel liegt gleich an erster Stelle. Die blaue und die rote Kugel sind direkt nebeneinander. Die größte und kleinste Kugel liegen nebeneinander. Vier der Kugeln sind recht groß, viel größer als beispielsweise die blaue Kugel, aber längst nicht so groß wie die größte Kugel.

Welche Farbe hat die größte Kugel?

## 51. zwei Affen

Zwei Affen sitzen auf einer Wiese. Sie haben eine Röhre und schauen hindurch. Diese Röhre ist gerade, ziemlich kurz, nicht verstopft und hat einen Durchmesser von knapp vier Zentimeter. Die Affen sind weder blind noch irgendwie anders eingeschränkt und doch sehen die beiden einander nicht.

Warum?

## 52. Symbole

Wie sieht das fünfte Symbol aus?

## 53. der Umzug

Thomas richtet seine Wohnung neu ein. Er holt die letzte Fuhre aus dem Baumarkt und fährt gleich in die Garage zum ausladen. Am Tag darauf möchte er den Transporter zurück bringen und stellt fest, dass das Garagentor zu niedrig ist.

Was ist geschehen?

## 54. die Äpfel

Es liegen fünf Äpfel auf dem Tisch. Sie nehmen sich drei Äpfel weg und legen davon zwei wieder auf den Tisch.

Wie viele Äpfel haben Sie?

## 55. eine große Familie

Frau Schmidt hat vier Töchter und zwei Söhne. Die Söhne haben jeweils drei Kinder und die Töchter jeweils zwei.

Wie viele Kinder hat Frau Schmidt?

## 56. Welcher Tag ist gesucht?

Es ist Montag gegen zwölf Uhr. Conny hat diese Woche ein Date. Das Date ist zwei Tage nach dem Tag der vor gestern liegt.

## 57. die Rente

Ein Mann stirbt ein Tag vor seinem Renteneitritt. Sein Vermögen beträgt das Doppelte seines Verdienstes aus ehrlicher Arbeit während seines gesamten Lebens.

Welchen Rentenbetrag erhält er die ersten fünf Jahre?

## 58. Adjektive

Welches Wort passt nicht?

schön
leer
klein
hell
reich

## 59. der Name

Toms Mutter hat vier Kinder. Drei Söhne und eine Tochter. Die Tochter heißt Tricky. Die Söhne heißen Tick, Trick und ...?

Wie heißt das vierte Kind?

## 60. das Rechteck

Wie kann man ein Rechteck mit drei geraden Strichen zeichnen?

## 61. unsere Welt

Der Marianengraben ist mit rund 11.000 Metern die tiefste Stelle der Erde.

Was war vor seiner Entdeckung die tiefste Stelle?

## 62. Was passt?

Lagerregal
Rentner
Mann
Retter
Reliefpfeiler

Welches Wort passt nicht in die Gruppe?

## 63. der Unfall

Eine Person verursacht einen Verkehrsunfall auf der Autobahn und wird verletzt ins Krankenhaus gebracht. Kurioserweise ist ihr Fahrzeug vollkommen unbeschädigt.

Wie kann das geschehen?

## 64. der Strauß

Warum steckt der Strauß seinen Kopf in den Sand?

## 65. Anagramme

FENLATE
MIESAE
ECLHSGAN

Finden Sie die richtigen Tiere?

## 66. der Spiegel

Ein Spiegel vertauscht die Seiten links und rechts. Warum vertauscht er nicht auch oben und unten?

## 67. Wortenden

Welche einheitliche Endung bildet mit diesen Anfangsbuchstaben sinnvolle Wörter?

B ______________
Fl ______________
Sch ______________
Tr ______________
Z ______________

## 68. ein sonderbares Tier

Es geht täglich spazieren und bleibt doch zu Hause.

## 69. Was ist das?

Was bewegt sich und kommt nicht fort,
hat einen Mund und spricht kein Wort,
hat ein Bett und kann doch nicht schlafen,
und birgt für manchen einen sicheren Hafen.

## 70. der Aufzug

In einem mehrstöckigen Kaufhaus befinden sich auf der ersten Etage Spielsachen, auf der zweiten Etage Damen- und Herrenbekleidung, auf der dritten Etage Möbel und auf der vierten Etage alles zu Sport und Freizeit.

Welcher Knopf wird im Aufzug am häufigsten betätigt?

## 71. ein Spruch

Wir kaufen Dinge, die wir nicht brauchen, von Geld, das wir nicht haben, um Menschen zu beeindrucken, die wir nicht mögen.

Was beschreibt dieser Spruch am ehesten?

a) Altruismus
b) Kapitalismus
c) Sozialismus
d) Egoismus

## 72. die Zeit

Was kommt einmal in der Minute, zweimal im Moment aber niemals in tausend Jahren vor?

## 73. die Waage

Sie haben neun gleich aussehende Würfel. Einer der Würfel ist etwas schwerer was man ihm aber nicht ansieht. Außerdem besitzen Sie eine Balkenwaage, welche Sie nur zweimal verwenden dürfen. Mit einer Balkenwaage können Sie das Gewicht zweier Objekte vergleichen.

Finden Sie in zwei Durchgängen heraus welcher Würfel schwerer als die anderen ist.

## 74. das Licht

Ein Lichtstrahl hat bekanntlich eine Geschwindigkeit von rund 300.000 km/s. Stellen Sie sich nun folgenden Sachverhalt vor: ein Lichtstrahl schießt an Ihnen vorbei. Sie starten mit einem Flugzeug und Ihre Bahn verläuft parallel direkt neben dem Lichtstrahl in die gleiche Richtung. Das Flugzeug hat die sagenhafte Geschwindigkeit von 200.000 km/s. Sie blicken zum Lichtstrahl und messen seine Geschwindigkeit.

Wie schnell ist dieser Strahl?

## 75. Wie passt das?

Was haben Hammer, Amboss und Steigbügel gemeinsam?

## 76. Sie sehen die Lösung.

Warum ist die Länge von 400 - 750 nm (Nanometer) für den Menschen so wichtig?

## 77. Überlegen Sie genau!

Für wen oder was wird bei der Photosynthese Nahrung hergestellt?

## 78. das Gewitter

Sie sehen einen Blitz und hören rund vier Sekunden später den Donner. Wie weit ist, ganz grob gerechnet, das Gewitter entfernt und warum können Sie dazu überhaupt eine Aussage machen?

## 79. Farbkombinationen

Welches Paar gehört nicht dazu?
blaugrün - rotorange
rot - grün
gelb - violett
blau - rotviolett

## 80. Leonardo Da Vinci

Welche Aussage beschreibt der vitruvianische Mensch?

1. Die Größe des Ohres verhält sich proportional zum Lebensalter.

2. Die Daumenspitze kann jede Fingerspitze einer Hand berühren.

3. Das Quadrat der Körpergröße multipliziert mit dem Gewicht in Kilogramm sollte den Wert 25 nicht überschreiten.

4. Die Körpergröße entspricht genau der Länge der Armspannweite.

## 81. magisches Wasser

Warum schwimmen Eisberge?

## 82. Nur Buchstaben?

Welcher Buchstabe gehört nicht dazu?

A
B
D
E
K

## 83. der Bauer

Bauer Manfred möchte frisches Heu einlagern. Es kommt direkt vom Feld und er wirft es einfach in seine Scheune. Sein Nachbar kommt und sagt: „Das ist ein großer Fehler was du da tust!“

Finden Sie die richtige Begründung:
1. Das Heu kann beginnen zu brennen.
2. Es kommt zur Keim- und Schimmelbildung.
3. Bakterienstämme vergiften das Heu und das führt zum sicheren Tod für die Tiere. Denn die Bakterien sind kaum nachweisbar.
4. Es entsteht eine Säure die in das Grundwasser eindringt.
5. Die Vermoderung zieht Ungeziefer an.

## 84. Primzahl

Finden Sie eine fünfstellige Primzahl. Sie soll die Ziffern eins bis fünf jeweils einmal enthalten.

## 85. nochmal Geometrie

Sie haben ein Dreieck. Einer der Winkel beträgt 60°. Der zweite Winkel beträgt 98°.
Wie groß ist der dritte Winkel?

## 86. Ist Abnehmen so einfach?

Ist ein Mensch leichter wenn er auf einem Berg steht?

## 87. Reise in die Vergangenheit

Andromeda, das ist eine benachbarte Galaxie der Milchstraße, ist rund 2,5 Millionen Lichtjahre entfernt. Wir werden sie aktuell also unmöglich bereisen können.
Sie sind Forscher und möchten die Entwicklung von Galaxien erkunden. Dazu würden Sie gern wissen wie Andromeda vor 2,5 Millionen Jahren ausgesehen hat.

Wie können Sie das schaffen?

## 88. Ein erstaunlich langer Weg.

Wie lange benötigt das Licht von der Sonne zur Erde?

## 89. ein gerissenes Tier

Wer legt Eier und baut kein Nest?

## 90. Analogien

| | | |
|---|---|---|
| Hund und Hütte | Vogel und | ? |
| Leder und Schuhe | Trauben und | ? |
| Pinsel und Leinwand | Bleistift und | ? |

## 91. Wie geht es weiter?

Führen Sie die folgende Buchstabenreihe fort:
M D M D

## 92. Wie geht es hier weiter?

Führen Sie die folgende Buchstabenreihe fort:
E Z D V

## 93. Finden Sie den oder die nächsten Buchstaben?

Führen Sie die folgende Buchstabenreihe fort:
M A T H

## 94. Zahlenreihe bauen

Beginnen Sie mit der Zahl drei. Jede Zahl ist um eins größer als die Hälfte der nächsten Zahl.

Bilden Sie eine Reihe mit vier Zahlen.

## 95. Was passt nicht?

| | | | | |
|---|---|---|---|---|
| 7353 | 1357 | 7139 | 0705 | 3553 |

Welche Zahl passt nicht dazu?

## 96. Zahlenspiel

Denken Sie sich eine positive Zahl. Errechnen Sie das Dreifache dieser Zahl und verdoppeln Sie das Ergebnis. Nun multiplizieren Sie Ihr Ergebnis mit 1,5. Bilden Sie die Quersumme des Ergebnisses. Sollte die Quersumme zweistellig sein bilden Sie erneut die Quersumme. Wiederholen Sie den Vorgang bis Sie ein einstelliges Ergebnis haben. Ihr Ergebnis lautet neun.

Warum ist das so?

## 97. das Gewicht

Ullrike, Susi und Anna wiegen zusammen 210kg. Die Leichteste wiegt ein Viertel weniger als die Schwerste. Annas Gewicht liegt hingegen genau zwischen den beiden.

Wie hoch ist das Gewicht von Anna?

## 98. das Pferd

Barbara kauf ein Pferd für 60€ und verkauft es im Anschluss wieder für 70€. Ein Jahr später kauft sie das selbe Pferd für 90€ und verkauft es wieder für 100€.

Wie viel Geld hat sie nach dem zweiten Verkauf wenn man nur den Pferdehandel betrachtet?

## 99. Wortanfang

Finden Sie den einheitlichen Wortanfang für alle Worte. Er darf sich nur in Groß- und Kleinschreibung unterscheiden.

______lich
______er
______tum
______en
______haltig

## 100. die Blöcke

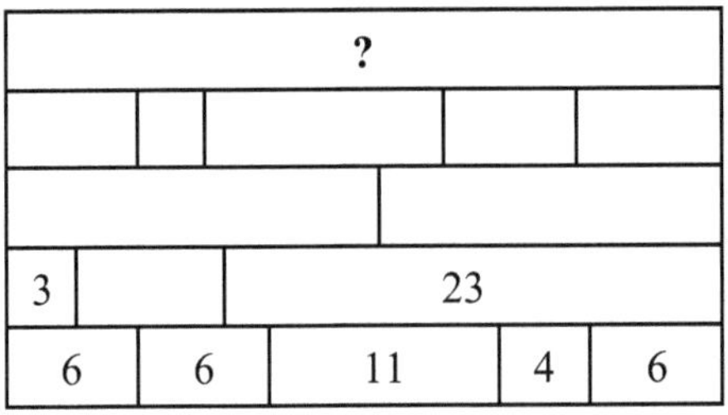


Die Zahlen ergeben sich von unten nach oben. Welche Zahl befindet sich im obersten Kästchen?

## 101. der Pfand

Eine Flasche Saft kostet fünf Euro. Der Preis des Saftes liegt vier Euro über dem Preis der Flasche.

Wie hoch ist der Flaschenpfand?

## 102. Zahlenfolgen

Vervollständigen Sie die folgenden Reihen:

a) 2, 3, 5, 7, 11, __, __
b) 1, 1, 2, 3, 5, __, __
c) 3, 1, -1, __, __

## 103. die Zahl

Von welcher ganzen Zahl errechnet sich das Dreifache dieser Zahl auch mit der Summe dieser Zahl aus sich und sich selbst?

## 104. Die Suppe

Sie stellen eine Suppe auf die Terrasse. Sie besteht zu 98% aus Wasser. Es ist ein großer Topf mit 10kg Suppe. Es beginnt zu regnen und die Suppe besteht danach zu 99% aus Wasser. Also ein Prozent mehr!

Wie viel wiegt die Suppe nun insgesamt?

## 105. Rechnen?

Bilden Sie aus der Zahl sechs das 1,5-fache ohne zu rechnen.

## 106. die besonderen Paare

Wie viele Zahlenpaare gibt es  die folgendes Kriterium erfüllen. Das Quadrat dieser einander ungleichen Paare ergibt das gleiche Ergebnis.

1. kein Paar
2. ein Paar
3. drei Paare
4. vier Paare
5. unendlich viele Paare

## 107. Zahlenrätsel

Addieren Sie zu zwei Zahlen jeweils den Wert drei hinzu. Dadurch beträgt die eine Zahl den doppelten Wert der anderen Zahl und beide Zahlen ergeben die Summe fünfzehn.

Wie lauten die beiden Ausgangszahlen?

## 108. die Formel

Nutzen Sie folgende Zeichen um die Zahlen in eine sinnvolle Gleichung zu bringen: + , - , =
Das Ergebnis der Gleichung ist kleiner als eins und ungleich null.

0 1 3 4 5 5

## 109. Nachbarn

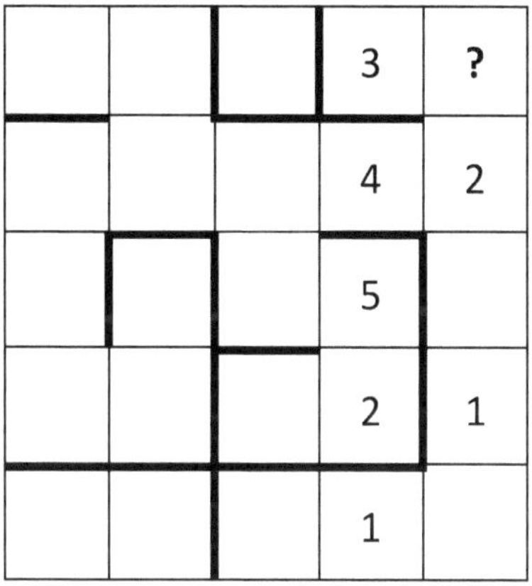


Welche Zahl gehört an Position des Fragezeichens?

## 110. Welche Zahl ist gesucht?

Das Doppelte einer ganzen Zahl entspricht dem Vorgänger dieser Zahl.

Wie lautet diese Zahl?

## 111. das Alter

Wenn Maria in fünf Jahren halb so alt ist wie ihr älterer Bruder, wie alt ist sie jetzt wenn er 19 Jahre älter ist?

## 112. der vierstellige Zahlencode

Die sieben steht nicht neben den Zahlen eins und fünf. Die letzte Zahl ist eine Primzahl. Zehn ist die Summe der Zahlen an erster und zweiter Stelle.

## 113. das Seil

Zwischen zwei Pfosten ist ein Seil gespannt. Das Seil hat eine Länge von 10m und es hängt 5m nach unten durch. Wie weit sind die Pfosten voneinander entfernt?

## 114. die magische Zahl

Gesucht ist eine besondere Zahl. Multiplizieren Sie das Doppelte dieser Zahl mit 0,000043 und Sie errechnen diese besondere Zahl.

Um welche Zahl handelt es sich?

## 115. Finde die Variable!

Wenn Sie zur Hälfte der Summe der gesuchten Zahl und drei den Wert neun addieren errechnen Sie dreizehn.

Welche Zahl ist gesucht?

## 116. einfach mal rechnen

2 + 5 = 7
3 + 7 = 17
1 + 5 = 23
5 + 3 = __

Wie lautet das Ergebnis der vierten Aufgabe?

## 117. die Uhrzeit

Eine analoge Uhr zeigt die Uhrzeit 14:30 Uhr an. Allerdings ist diese Uhr vor zwei Stunden stehen geblieben, ging 15 Minuten vor und war noch immer auf Sommerzeit gestellt, obwohl es Dezember ist.

Wie spät ist es?

## 118. Finde die beiden Variablen.

Ziehen Sie eine Zahl von einer anderen Zahl ab und Sie errechnen vier. Halbieren Sie diese andere Zahl und Sie errechnen den Nachfolger der einen Zahl.

Welche Zahlen sind gesucht?

## 119. Subtraktion

Welche Aussage stimmt, wenn man die Null nicht mit in Betracht zieht?

Zieht man die kleinere von der größeren Zahl ab erhält man:
1. Eine Zahl die kleiner oder größer als die größere Zahl ist.
2. Eine Zahl die immer kleiner als die größere Zahl ist.
3. Eine Zahl die immer größer als die kleinere Zahl ist.
4. Die Summe aus der größeren Zahl und der Differenz beider Zahl.

## 120. Seerosenteich

Eine Seerose verdoppelt jeden Tag ihre Größe. Nach einer Woche ist der Teich zugewachsen. Wie lange würde es dauern, wenn es am Anfang zwei Seerosen wären?

Lösung:

1. *Er fährt das blaue Auto.*

2. *Zuerst fährt der Fährmann mit der Ziege ans andere Ufer und allein wieder zurück. Dann fährt er mit dem Wolf ans andere Ufer und mit der Ziege zurück. Danach bringt er den Kohlkopf ans andere Ufer und fährt allein zurück. Zum Schluss bringt er die Ziege ans andere Ufer.*

3. *Vier Kinder haben acht Beine. Acht Hunde haben 32 Beine und vier Erwachsene haben acht Beine. Im Raum befinden sich insgesamt 48 Beine.*

4. *Jede Tür im Haus steht für den Wert zwei. Denn jede Tür wird in jedem der beiden Räume die sie verbindet gezählt. Die Ausgangstür kann allerdings nur einmal in einem Raum gezählt werden. Daher muss es eine gerade Anzahl an Ausgängen geben.*

5. *Denken Sie an einen Binärcode. 1011 = 11*

6. *Eindeutig können Sie die Sitze nicht zuteilen. Aber Sie wissen anhand der Namen, dass es neun Personen sind. Mark sitzt vier Plätze von Susi und Miriam entfernt. Somit sitzen Susi und Miriam außen.*

7. *Im Bus sitzen Sie, der Busfahrer und sechzehn Fahrgäste. Insgesamt also achtzehn Personen.*

8. *Erster: Friedrich, Zweiter: Bernd, Dritter: Tom, Vierter: Markus.*

9. *Es werden alle Fragen an die selbe Person gerichtet. Die erste Frage: „Bist du der Lügner genau dann, wenn die Person neben dir die Person des Zufalls ist?“ So finden Sie heraus ob sie mit der Person des Zufalls sprechen. Nun fragen Sie wieder diese Person eine eindeutige Ja-Nein Frage: „Bin ich ein Mensch?“ Zum Beispiel. Konnte die Person die erste Frage nicht beantworten, handelt es sich*

*also selbst um die Person des Zufalls, stellen Sie die zweite Frage einer anderen Person und Sie wären somit schon nach zwei Fragen am Ziel. Je nach der Antwort auf Ihre eindeutige Ja-Nein Frage fragen Sie konkret nach der Identität einer anderen Person am Tisch und können so genau schlussfolgern wer welche Person ist.*

*10.* *5, 14, 9, 1*

*11.* *Die Trockenmasse der Pilze liegt bei 5g. Diese Trockenmasse bleibt unberührt. Wenn der Wasseranteil auf 80% sinkt, der Trockenanteil behält sein Gewicht von 5g, müssen die 5g einfach verfünffacht werden. Der Pilz wiegt also nur noch 25g.*

*12.* *Da 20% des Weines im Wasserglas sind müssen die restlichen 80% im Weinglas sein. Das sind 400ml.*

*13.* *Eine Nachbarin. Der Tisch ist vielleicht quadratisch, allerdings sind nur drei Seiten besetzt. Die gegenüberliegenden Plätze von Martha und Joachim. Und an einer Seite sitzen Lisa und Tom nebeneinander, wobei Lisa direkt bei Martha sitzt. Deren gegenüberliegende Seite ist frei.*

*14.* *Ja. Torsten hat dann recht.*

*15.* *Natürlich nicht. Die Negation von B kann nicht stimmten wenn B stimmt. A hat mit dieser Frage nichts zu tun.*

*16.* *Der älteste Sohn ist 25 Jahre alt, der mittlere 19 und der jüngste 11 Jahre alt. Das Alter des Vaters beträgt 55 Jahre.*

*17.* *Alle Aussagen schließen einander aus. Susis Aussage ist ein logischer Wiederspruch. Würde sie lügen dann hätte sie recht und nur drei Personen lügen. Daher bleibt nur der logische Schluss, dass Tim die richtige Aussage trifft.*

*18.* *Der Fahrer des blauen Autos trägt nicht den grünen Hut, da dieser von dem anderen Redner getragen wird. Somit bleibt führ ihn nur der rote Hut. Damit trägt der Fahrer des roten Autos den grünen Hut.*

19. *Antwort b ist korrekt.*

20. *Natürliche Zahlen welche ausschließlich durch eins und sich selbst teilbar sind und als Ergebnis wieder eine natürliche Zahl haben. Die kleinste Primzahl ist die zwei.*

21. *Die Summe aller Innenwinkel eines Vierecks beträgt 360°. Zwei Winkel kennen Sie. Den kleinsten Winkel mit 30° und einen rechten Winkel. Da Sie eine Hypotenuse zeichnen wenn Sie die gegenüberliegenden Winkel verbinden ist auf einen rechten Winkel im Viereck zu schließen. Die beiden gegenüberliegenden und gleich großen Winkel ergeben zusammen 240°. Daher hat jeder Winkel einen Wert von 120°. Sie zeichnen ein klassisches Drachenviereck.*

22. *Da fünf Schüler nicht überdurchschnittlich klug sind und die Klasse nur vier Jungs hat muss mindestens ein Mädchen zu der Gruppe gehören.*

23. *Dass Tom fährt können Sie nicht schlussfolgern. Es wird nämlich nicht gesagt, dass alle denen es gut geht fahren. Somit fallen die Aussagen eins und zwei weg. Aussage vier stimmt natürlich nicht. Nur Aussage drei ist korrekt.*

24. *Sie stehen an dritter Stelle. (Sie kaufen für den Eigenbedarf eine Damenjacke. Daher sind Sie eine Frau.)*

25. *a) Nein. Alle Bälle sind eckig. Also leuchten Bälle nicht. Und was nicht leuchtet ist kein Spielzeug.*
*b) Nein. Darauf lässt sich nicht schließen. Es wird nicht behauptet, dass alle Dinge die leuchten sinnvolle Spielzeuge sind.*

26. *Der Gast muss immer die Anzahl der Buchstaben des Codewortes nennen. Vier wäre korrekt gewesen.*

27. *Fragen Sie einen der Wächter was der andere Wächter antworten würde. Da einer der beiden lügt wird die Antwort in jedem Fall eine Lüge sein. Die Frage lautet dann beispielsweise: „Was würde ihr Kollege auf folgende Frage antworten: Führt die linke Tür in die Freiheit?“*

28. *Glühbirnen entwickeln Wärme. Somit betätigen Sie einen Schalter. Einen zweiten betätigen Sie eine viertel Stunde später. Jetzt gehen Sie direkt in den Raum mit den Glühbirnen. Sie finden nun zwei leuchtende Glühbirnen vor. Die wärmere Glühbirne gehört zum ersten Schalter. Die kältere der beiden Glühbirnen zum zweiten Schalter und die andere zum dritten Schalter.*

29. *Sie müssen wechseln. Das Ziegenproblem ist seit jeher ein bekanntes Paradoxon. Die Erklärung ist denkbar simpel. Es gibt drei Situationen.*
*a) Sie liegen mit Tür drei richtig. In diesem Fall wäre ein Wechsel falsch.*
*b) Sie liegen mit Tür drei falsch. Der Showmaster zeigt Tür zwei mit einer Ziege. Sie wechseln auf Tür eins und gewinnen.*
*c) Sie liegen mit Tür drei falsch. Der Showmaster zeigt Tür eins mit einer Ziege. Sie wechseln auf Tür zwei und gewinnen.*
*In zwei der drei möglichen Konstellationen gewinnen Sie. Auch wenn es nicht logisch erscheint so haben Versuchsreihen bewiesen, dass ein Wechsler erfolgreicher ist.*

30. *Der Buchstabe L gehört nicht dazu. Er besitzt keine Rundungen.*

31. *ein Reserverad*

32. *ein Loch*

33. *Der Trick ist zuerst beide Zahlen zu subtrahieren und dann zu addieren. Das Zahlenpaar 9+2: 9-2=7, 9+2=11 Ergebnis: 711. Die Lösung: 7-6=1, 7+6=13 Ergebnis: 113*

34. *Es gibt nur eine mögliche Verteilung der Zahlen in die Gleichung: 12:4x5+7=22. Zählen Sie die Buchstaben in der Reihe der Zahlen ab und Sie erhalten die Lösung: Affe.*

35. *Der Code ist in römischen Zahlen geschrieben. Sie finden in richtiger Reihenfolge die römischen Zahlen: MCCXI. Die Lösung lautet das Jahr 1211.*

36. *Sie steigen vom Karussell ab.*

37. *Sie sehen 50 Finger.*

38. *das Licht*

39. *In der ersten Zeile steht einmal die eins, daher in der zweiten Zeile 1 und 1. In dieser Zeile steht zweimal die eins, also in der dritten Zeile 2 und 1. Nun lesen Sie einmal die zwei und einmal die eins, also 1211. Dann folgt einmal die eins (11), einmal die 2 (12) und zweimal die 1 (21). Daher 111221. Die Lösung lautet: 3x1 (31), 2x2 (22) und 1x1 (11). Antwort: 312211*

40. *Sie sind auf dem zweiten Platz.*

41. *der Wind*

42. *Da nur eine Person die Wahrheit sagt gilt:*
*War es Max, dann sagen Tim und Rainer die Wahrheit.*
*War es Tim, dann sagt Rainer die Wahrheit.*
*War es Frank, dann sagen Max, Tim und Rainer die Wahrheit.*
*War es Rainer, dann sagen Tim und Frank die Wahrheit.*
*Also war es Tim.*

43. *Michael hat recht. Da nie zwei Lügner nebeneinander sitzen muss die Anzahl der Personen gerade sein. Michael steht auf, er sitzt also nicht mehr am Tisch, und besteht auf elf Personen. Wenn er sich wieder setzt sind es demzufolge zwölf Personen. Da Elenor eine ungerade Anzahl nennt lügt sie.*

44. *Die Größe eines schwimmenden Körpers bestimmt das verdrängte Wasservolumen. Da das Gewicht der Kugel auf die größere Fläche des Bootes verteilt gewesen ist sinkt der Wasserspiegel. Denn das Volumen der Kugel ist viel geringer als das Volumen des Bootes.*

45. *Falschgeld*

46. *Die Person hat am 31.12. Geburtstag und heute ist der 01.01. Somit ist die Person heute 16, wird am Jahresende 17 und Ende nächsten Jahres 18.*

47. *Elf Monate haben dreißig Tage. Alle Monate mit dreißig Tagen zählen zu den Monaten mit 31 Tagen dazu. Nur ein Monat, der Februar, hat tatsächlich weniger.*

48. *Da das Auto von „oben" in die Lücke fährt ist die Beschriftung auch von da aus zu lesen. Drehen Sie das Buch und Sie erkennen die Lösung: 87.*

49. *Auf einem Würfel ergeben die gegenüberliegenden Seiten immer die Summe sieben. Der Sohn sieht die Würfel von unten. Auf der Rückseite des gesehenen Würfels steht die Zahl drei. Daher steht auf der Rückseite des anderen Würfels die Zahl sechs. Mit diesem wurde demzufolge die Zahl eins gewürfelt. Die Lösung lautet: vier und eins.*

50. *Beschrieben ist das Sonnensystem mit der Sonne als größte Kugel. Es ist die Farbe gelb.*

51. *Sie gucken nicht gleichzeitig durch die Röhre.*

52. *Es handelt sich um senkrecht gespiegelte Zahlen, beginnend mit der Ziffer eins. Das nächste Symbol ist die 5, senkrecht gespiegelt.*

53. *Durch das Entladen verlor das Fahrzeug an Gewicht und wird nicht mehr nach unten gedrückt. Folglich ist es nun höher.*

54. *Sie haben noch einen Apfel. Es geht ja um die Äpfel die Sie sich genommen haben und nicht die Äpfel auf dem Tisch.*

55. *Sie hat vier Töchter und zwei Söhne, also sechs Kinder.*

56. *Der Tag vor gestern ist vorgestern. Sie hat also heute ihr Date, denn zwei Tage nach vorgestern ist heute.*

57. *Der Mann ist verstorben. Dadurch erlischt sein Rentenanspruch.*

58. *Leer ist nicht steigerbar. Ein Glas kann nicht leerer sein.*

59. *Es handelt sich um Toms Mutter. Daher heißt das dritte Kind Tom.*

60. *Zeichnen Sie ein Rechteck. In dieses Rechteck zeichnen Sie drei gerade Striche. Somit erhalten Sie ein Rechteck mit drei Strichen.*

61. *Auch vor seiner Entdeckung war der Marianengraben die tiefste Stelle.*

62. *Alle Worte, bis auf Mann, sind Palindrome. Mann gehört also nicht dazu.*

63. *Die Person fuhr nicht mit dem eigenen Fahrzeug.*

64. *Strauße stecken ihren Kopf nicht in den Sand. Das ist ein Gerücht. Sie würden Sand in die Augen und Ohren bekommen. Ein Strauß legt bei Gefahr seinen Kopf mit ausgestrecktem Hals auf den Boden. Dies dient der Tarnung. Er wird von seinen Fressfeinden so leicht mit einem Busch verwechselt.*

65. *Elefant, Ameise, Schlange*

66. *Das der Spiegel vertauscht ist eine falsche Annahme. Er vertauscht nur vorn und hinten. Was links im Spiegel ist, das*

*ist ja auch links zu sehen. Genauso wie rechts, oben und unten. Sie blicken in einem Spiegel im Prinzip von vorn auf sich selbst.*

67. *...aum*

68. *die Schnecke*

69. *Der Fluss. Er bewegt sich, hat eine Mündung, ein Flussbett und Häfen.*

70. *Der Knopf „E“ für Erdgeschoss.*

71. *Antwort b: der Kapitalismus*

72. *Der Buchstabe „m“.*

73. *Zuerst bilden Sie drei Gruppen mit jeweils drei Würfeln. Jetzt vergleichen Sie eine Gruppe mit einer anderen. Ist der Würfel Teil einer dieser Gruppen dann wiegt auch die Gruppe mehr. Haben beide Gruppen das gleiche Gewicht befindet sich der schwere Würfel in der dritten Gruppe. Nun müssen Sie aus drei Würfeln herausfinden welcher schwerer ist und haben noch eine Messung zur Verfügung. Vergleichen Sie zwei Würfel. Wenn einer schwerer ist dann haben Sie das Ergebnis. Ist das Gewicht beider Würfel gleich, dann ist der dritte Würfel des Rätsels Lösung.*

74. *Rein logisch betrachtet müssten Sie nun 100.000 km/s bei dem Strahl messen. Wenn da nicht das Phänomen der Relativitätstheorie wäre. Licht hat immer dieselbe Geschwindigkeit, unabhängig vom Beobachter. Es ist das Vergehen der Zeit welches sich ändert. Richtig für dieses Rätsel ist die Antwort: 300.000 km/s.*

75. *Es sind Knochen im Ohr des Menschen.*

76. *Es ist der Teil des elektromagnetischen Wellenspektrums welchen wir sehen und als Farben wahrnehmen.*

77. *Die Photosynthese stellt Glukose (Zucker) für die Zellatmung aller Lebewesen her. Somit auch für Pflanzen. Das Abfallprodukt Sauerstoff wird zur Verbrennung des Zuckers genutzt. Sauerstoff und Zucker lassen ATP entstehen. ATP speichert Energie und ist von allen Zellen nutzbar. Die Antwort lautet: In erster Linie für die Pflanze selbst.*

78. *Das Licht ist schneller als der Schall. Mit 300.000km pro Sekunde vergeht praktisch keine Zeit vom Ereignis bis zur Sichtwahrnehmung, zumindest kann man das Vergehen der Zeit auf diesem Maßstab vernachlässigen. Der Schall hingegen hat eine Geschwindigkeit von rund 1200 km pro Stunde. Das sind rund 330m pro Sekunde. Benötigt der Schall also 4 Sekunden bis zu Ihnen dann ist dessen Quelle, und somit das Gewitter, rund 1,3 km entfernt.*

79. *Bei drei der vier Farbkombinationen handelt es sich um Komplementärfarben, also Farben die sich im Farbkreis gegenüber stehen. Die vierte Kombination fällt aus der Reihe und ist die Lösung.*

80. *Aussage vier ist korrekt. Da Vinci befasste sich mit den Verhältnissen des menschlichen Körpers.*

81. *Weil Wasser eine besondere Eigenschaft hat. Es dehnt sich aus wenn es in den festen Aggregatzustand übergeht. Dadurch hat es eine geringere Dichte und gefrorenes Wasser schwimmt.*

82. *Es handelt sich um Vitamine. Die Vitamine A, D, E und K sind fettlösliche Vitamine. Vitamin B ist wasserlöslich.*

83. *Antwort eins ist korrekt. Wird Heu nicht vollständig getrocknet kann es sich selbst entzünden. Die fünf Phasen: biologische Phase, mikrobiologische Phase, thermophile Zersetzungsphase, chemische Ruhephase und phyrophore Gasphase lassen die Temperatur auf bis zu 265°C ansteigen. So kommt es in vielen Fällen zur Selbstentzündung.*

84. *Es gibt keine solche Primzahl. Die Summe der Ziffern ist 15. Alle Zahlen mit einer Quersumme die durch drei teilbar ist sind ebenfalls durch drei teilbar.*

85. *Der Innenwinkelsatz besagt, dass die Summe aller Innenwinkel 180° beträgt. Somit lautet die Antwort 22°.*

86. *Das Gewicht einen Menschen verhält sich umgekehrt proportional zum Quadrat des Radius. Stellen Sie sich einen Mensch mit dem Gewicht von 100kg vor. Auf dem Gipfel des Mount Everest (ca. 8km höher) wiegt er rund 250g weniger.*

87. *Da das Licht dieser Galaxie 2,5 Millionen Jahre bis zu uns benötigt sehen wir quasi den Zustand dieser Galaxie vor eben diesen 2,5 Millionen Jahren. Sie müssen also nur mit einem Teleskop in den Himmel schauen und es auf die richtigen Koordinaten richten. Genau genommen sehen wir überall am Himmel die Vergangenheit. Denn alle Sterne sind Sonnen mit einer Entfernung von wenigen bis vielen Millionen Lichtjahren. Wenn ein Stern beispielsweise erlischt sehen wir das erst viele Jahre, Jahrhunderte, Jahrtausende oder Jahrmillionen später.*

88. *Es braucht 8 Minuten und 19 Sekunden bis zur Erde.*

89. *der Kuckuck*

90. *Vogel und Nest*
*Trauben und Wein*
*Bleistift und Papier*

91. *Es sind Wochentage. Somit geht es weiter mit FSS.*

92. *Sie zählen 1, 2, 3, 4, 5. Der nächste Buchstabe ist F.*

93. *Mathe oder auch Mathematik*

94. *3-4-6-10*

95. *Die zweite Zahl gehört nicht dazu. Über Kopf gelesen stellen alle Zahlen Wörter dar. Nur die zweite Zahlenreihe nicht.*

96. *Anders ausgedrückt haben Sie Ihre Zahl zweimal mit 3 multipliziert, also einmal mit neun. Somit ist Ihr Ergebnis immer ein Vielfaches der Zahl neun. Die Vielfachen der Zahl neun haben die Eigenschaft, dass die Quersumme immer durch neun teilbar ist.*

97. *Entweder stellen Sie drei Formeln auf oder kommen durch Überlegung auf das Ergebnis. Da Anna genau den Mittelwert der beiden anderen Mädchen hat muss ihr Gewicht ein Drittel des Gesamtgewichtes sein. Anna wiegt 70kg.*

98. *0-60+70-90+100=20.*

99. *(R)reich…*

100. *Ein sich darüber liegendes Kästchen stellt immer den Teil der darunter liegenden Kästchen dar. Das linke Kästchen der zweiten Reihe von unten beträgt die Hälfte des linken Kästchens der unteren ersten Reihe. Somit auch den halben Wert. Daher sind es pro Zeile immer andere Verteilungen der selben Menge. Das einzelne Feld ist daher die Summe aller Teile einer Zeile. Das Ergebnis lautet 33.*

101. *Der Flaschenpfand beträgt 50 Cent.*

102. *a (Primzahlen): 13, 17*
*b (Fibonacci): 8, 13*
*c (minus zwei): -3, -5*

103. *Es ist die Zahl null. 0+0=0 und 3x0=0*

104. *Sie wiegt 20kg. Bei 10kg wiegen der 2% Anteil an fester Substanz 200g. Die 200g bleiben erhalten. Da sich der Anteil auf 1% verringert, der Wasseranteil liegt nun bei 99%, wiegt die Suppe 20kg.*

105. *Drehen Sie die Zahl um und Sie erhalten 9.*

106. *Antwort fünf stimmt. Das Quadrat jeder Zahl und dessen negatives Pendant führt zum gleichen Ergebnis. -2*-2 und 2*2 ergibt beides 4.*

107. *Sie lauten zwei und sieben.*

108. *Die Lösungsaufgabe lautet: 1,5+3-4=0,5 oder 1+3,5-4=0,5*

109. *Es ist die Zahl fünf. Die vorgegebenen Zahlen lassen auf die Regeln des Zahlenspiels schließen. Felder mit dicken Trennlinien weisen eine Differenz von eins auf. Alle anderen Nachbarfelder haben eine höhere Differenz. Die Zahlen eins bis fünf sind in den Zeilen und Spalten verteilt. Als kleiner Bonus. Finden Sie die Lösungszahl links unten? Es ist die Zahl zwei.*

110. *Wenn Sie nicht auf die Lösung kommen stellen Sie gedanklich eine Gleichung auf: 2x=x-1. Die Lösung lautet minus eins.*

111. *Mit ein wenig nachdenken müssen Sie zur Lösung keine Formeln aufstellen. Ihr Bruder ist neunzehn Jahre älter und in fünf Jahren doppelt so alt wie Maria. Sie ist also in fünf Jahren neunzehn Jahre alt und somit aktuell vierzehn Jahre jung.*

112. *Die Lösung lautet: 7315.*

113. *Die Pfosten müssen sich direkt berühren. Also nicht einmal 1cm.*

114. *Es ist die Zahl Null. Jeder Multiplikator mit Null ergibt Null. Beim Verdoppeln multiplizieren Sie mit zwei.*

115. *Die gesuchte Zahl ist fünf.*

116. *Die Summe der jeweils folgenden Aufgabe wird zum Ergebnis der vorigen Aufgabe hinzu gerechnet. Die Lösung lautet: 31*

117. *Es ist 15:15 Uhr. bei der Umstellung von Sommer- auf Winterzeit werden die Uhren eine Stunde zurück gestellt. Da die Uhr vor zwei Stunden stehen blieb und sie 15 Minuten vor ging müssen Sie noch 0:45 Minuten hinzu rechnen.*

118. *Gesucht sind die Zahlen zwei und sechs. Eine Zahl ist die zwei und die andere Zahl ist die sechs.*

119. *Aussage eins ist korrekt. Ziehen Sie von einer Zahl eine negative Zahl ab erhalten Sie ein größeres Ergebnis. Ziehen Sie eine positive Zahl ab ist das Ergebnis niedriger.*

120. *Sechs Tage. Denn wenn sich die Größe täglich verdoppelt war der See am Tag zuvor nur zur Hälfte zugewachsen. Demzufolge wäre er komplett bewachsen wenn es sich um zwei Seerosen gehandelt hätte.*